AF222430

Gelebte Lyrik

„So wie es Lieder ohne Worte gibt, so ist Lyrik **Worte ohne Noten.**"

Erhard Blanck (*1942)
Heilpraktiker, Dichter und Maler

Hanne Le Large

Worte ohne Noten
Gelebte Lyrik

Vita & grafische Gestaltung
Claudia Nürnberg

MÄDCHENFOTOGRAFIE

Ein blasses, kleines Mädchenangesicht,
am Kinn der Leib der Violine
mit strenger, schon erwachsner Miene,
den ernsten Blick gegen das Licht

gewendet, auf irgendeine ferne Stelle.
Der Bogen, von der schmalen Hand umfasst,
noch schüchtern. Doch es scheint, als ob fast
Trotz und Trauer spielen um die Lippenschwelle.

Der breite Gürtel mit der Seidenrose
mildert das kalte Schwarz des Kleides –
so steht sie, und sie ahnt und leidet beides:
das Leben in sich, das erstarrt zur Pose.

ÜBER DIE AUTORIN

Hanne Le Large,

geb. Krum, kam am 20. Januar 1947 als viertes Kind katholischer Eltern in Konstanz zur Welt und verbrachte ihre Kindheit größtenteils in Offenburg. Schon als kleines Mädchen wurde sie mit Abschied und Tod konfrontiert, denn ihre beiden Brüder starben jung, wobei sich das Siechtum des älteren stark im Bewusstsein der Schwester verankerte. Es ist von daher nicht verwunderlich, dass ihre Lyrik diese Erfahrung schwerpunktmäßig reflektiert: GELEBTE LYRIK eben!

2

Bereits mit zwölf Jahren schrieb Hanne Texte von großer Traurigkeit, die sie in ein kleines blaues Büchlein eintrug, das sie wie einen Schatz bis heute hütet.

Neben dem Talent zum Schreiben ist Hannes musikalische Begabung erwähnenswert: Als Zehnjährige begann sie das Geigenspiel zu erlernen. Ein Lehrer, der ihre Musikalität erkannte, schickte den Teenager zu Professor Adalbert Nauber nach Freiburg, der für ihre Professionalität prägend wurde. Sie spielte schon jung in den verschiedensten Orchestern, im Abitur war ihr der Musikpreis sicher.

Beim Studium der Fächer Deutsch, Musik und Theologie in Freiburg lernte Hanne ihren späteren Mann Harald Kiwull kennen. Sie zog 1975 mit ihm nach Karlsbad, wo sie ihre Fächer am Schulzentrum unterrichtete. Sie war regelmäßig mit verschiedenen Sinfonie- und Kammerorchestern unterwegs, wobei auch etliche Plattenaufnahmen entstanden. Im Jahre 1968 kam ihre Tochter Alexandra zur Welt.

Trotz des starken musikalischen Engagements geriet Hannes Liebe zur Lyrik nie ganz in Vergessenheit. Wann immer ihr danach war – besonders in Zeiten von Traurigkeit – verarbeitete sie erlittene Verletzungen wie das Scheitern von Beziehungen, Krankheit, Einsamkeit und Tod aber auch die Schönheit der Natur in einer Vielzahl von Gedichten.

3

Nach der Trennung von ihrem ersten Mann fand Hanne in Andreas Le Large einen neuen Partner. Bald eröffnete sie in der näheren Umgebung einen Laden für Schmuck, Mode und Kunsthandwerk, der unter dem Namen OASE bald die erste Adresse für Erlesenes, Ausgefallenes, ja besonders Ästhetisches wurde.

Ein Höhepunkt im literarischen Schaffen war die Verleihung des Lyrikpreises im Jahre 1986 auf der Comburg bei Schwäbisch Hall, wo unter dem Motto 'Lyrischer Oktober' regelmäßig Tagungen stattfanden. Eine Anthologie erinnert an das Schaffen der drei Preisträger, die unter dreihundert Bewerbern ausgewählt worden waren, welche sämtlich Gedichte zum Thema Einsamkeit eingereicht hatten. Nach diesem großen Erfolg ergaben sich zahlreiche Lesungen, auch mit musikalischer Umrahmung, beispielsweise durch den Karlsbader Kammermusikkreis.

Lyrik Ist anstrengend, und Hanne Le Larges Gedichte sind keine leichte Kost. Eine große Anzahl unter ihnen kann man zu Recht als schwermütig bezeichnen, und doch spricht aus vielen auch ein versöhnlicher Hoffnungsschimmer. Bei aller Melancholie erspürt der Leser in der GELEBTEN LYRIK auch den starken Überlebenswillen der sensiblen Autorin, denn:
Wenn's hart auf hart kommt, will sie in der Walpurgisnacht nicht länger „GUT" sein, sondern den „Feuerbesen besteigen", „auf die wehe Liebe pfeifen" und „mit allen Teufeln hexenwild und hexenschön raufen". Na dann!

4

Die Edition L,
in der die Preisträger
des Lyrikwettbewerbs 1986
ihre Gedichte veröffentlichten

**ANGELO NIKLAS
HANNE KIWULL
OTTO-WILHELM BRINGER**

OKTOBER
LIED

Eine Auswahl
von Gedichten
der Preisträger
des Lyrikwettbewerbs
„Lyrischer Oktober"
1986

EDITION L

5

INTRO: FRUST

Ach Mist!
Wofür soll ich mir noch
mein Hirn verrenken?
Sprachlos bin ich
geworden, und
kein Hahn wird nach
mir krähn.
Kein Mensch wird mehr
an meine Lieder denken.
Ich bin nur Mittelmaß
– ganz cool besehn.
Ach wäre nur nicht
dieses Brennen,
mich ausgerechnet in
Gedichten loszulassen ...
Warum kann ich
nicht einfach flennen
und mich mit Alltagskram befassen?

Kindheit

RÜCKKEHR

Ich mach mich auf die Reise
in die Vergangenheit,
suche die Spuren leise
aus meiner Kinderzeit,
betrete scheu die Orte,
die fremd und doch vertraut.
Bilder werden und Worte
lebendig, nah und laut:
Noch einmal all die Freuden,
Entzücken, Ängste, Pein –
was sollen sie bedeuten
für jetzt, für mich, mein Sein?
Das Heute, Hier, mein Leben,
was ich geworden bin,
wie hat es sich ergeben?
Ich suche nach dem Sinn,
grabe nach alten Schätzen,
reiß Narben wieder auf,
rück Dinge von ihren Plätzen:
Erinnerung nimmt ihren Lauf.
Gebärden, Gesichter, Töne ...
wieder erleb ich das Schöne
oder seh es im Lichte der Qual!
Ich kann es fühlen wie damals
und seh es mit Blicken von heut.
Alles überlebt – nur vergraben –
im Unterbewusstsein der Zeit!

MUTTER

Wenn in den Zwitterstunden zwischen Nacht und
Grauen
die Ängste in mir Todeslieder singen,
dann möcht ich wie ein Kind DER Mutter trauen,
die alles tut, um meine Nöte zu bezwingen:

Sie kommt ganz ungefragt und liebt bedingungslos,
sie nimmt mich an und kann in meiner Seele lesen.
Ich berge mich in ihrem Trost und Schoß.
O Mutter, wo bist du gewesen?

ERZIEHUNG

Die
unterlassene
Liebes-Leistung
zieht zumindest
lebenslängliche
Schäden nach sich.
Sie geht sogar
oft tödlich aus.

Leider gibt es
dafür keinen
Paragraphen
in unserem
Großen StGB.

AGONIE (1962)

Der Herbstwind treibt die nassen Blätter
in wilden Kreiseln vor sich her
ich gehe still bei Regenwetter
durch kahle Fluren neblig leer

Oktobers bunte Farbenpracht
hat sich längst fahl geschminkt
mit Abgrund droht Novembernacht
die alles schwarz verschlingt

November ist die schlimmste Zeit
da feiern Tote ihre Feste
Gespenster aus Vergangenheit
erstehen auf – sind unsre Gäste

Das rote Lichtlein auf dem Grab
es flackert wie in Agonie
dass ich dich einst verloren hab
verschmerze ich im Leben nie.

ALS DIE STILLE LEISER WAR

Alles war ein Abenteuer,
als ich noch klein und zaghaft war.
Da war der Sonntag eine Feier.
Der Wind durchpflügte mir das Haar.
Die Sommer waren sehr viel heißer,
die Winter kälter und das Jahr
so lang und endlos und die Stille leiser.
Die Stürme waren mächtig und die Bäche klar.

Und alles ging mir durch die Haut,
ich war noch eins mit der Natur,
jetzt hab ich Dämme um mich aufgebaut,
die Haut umspannt mich wie Velour,
die Sinne abgepackt und stumpf,
fast eingemauert, und ich spür
das Leben um mich nur noch dumpf.
Mein Schrei erstickt: schalldichte Tür!

Ich möcht so gerne wieder alles fühlen,
die Kälte, Hitze und das Licht,
will kindlich offen sein und spielen,
bevor mir noch der Traum zerbricht,
dass ich empfinden kann wie einst.
Und Abenteuer ist das Leben, glaubst du's nicht?

Sag mir, warum du plötzlich weinst ...

12

UNGESUNGENE LIEDER (1960)

Worte, Töne, fest verschlossen
hinter Kehle, Stirn und Brust,
Zeit und Leben sind verflossen,
hätt ich früher nur gewusst,
wer ich bin und was ich will,
viel, so viel ist schon vertan!

Manches kann noch möglich sein,
Morgenrot in späten Jahren,
lasst mich los, lasst mich allein!
Nur so kann ich mich erfahren!

FRÜHE LIEBE I (1961)

Unsre Liebe war ein Frühlingskranz.
Sie überdauerte nicht Herbst noch Winter.
Nur Sonnengötter wachten über unsern Tanz,
der wild und ausgelassen war wie Spiel der Kinder.

Da schob sich dunkel eine Wolke vor,
es fiel der Kranz verblasst aus unsrer Hand.
Verloren fanden wir uns vor des Paradieses Tor.
Du SPIELTEST Liebe, hieltest sie für Tand.

FRÜHE LIEBE II (1961)

In den hohen Wolkenbergen möcht ich liegen,
sanft umbettet ganz von Weiß und Blau.
Und nur der Himmel soll mich noch besiegen,
den ich unendlich über mir erschau.

Und nichts soll meine Einsamkeit mir stören,
nichts mich berühren – nur die Ewigkeit.
Kein irdisch Ding soll mehr den Sinn betören.
Nichts spüren will ich: weder Freud noch Leid.

Ich möchte nichts mehr reden,
nichts mehr fühlen,
nur hingegeben sein dem Weiß und Blau,
den hohen Wolkenbergen und dem klaren Himmel,
den ich unendlich über mir erschau.

AUF DER SCHAUKEL

Auf und nieder, hin und her,
mit der Schaukel hoch und tief,
himmelleicht und erdenschwer ...
War da jemand, der mich rief?

Kinderselig unter Bäumen,
schwindelfrei im Hier und Jetzt,
flieg ich zwischen allen Räumen,
wiege Wolken traumbesetzt,

lass mich fallen, lass mich heben,
lasse Wind und Regen zu,
ach, geliebtes, liebes Leben
lässt mich schwingen ohne Ruh!

Im Jahreslauf

UNSER HAUS

Zwischen den braunen Fensterkreuzen
die geraureiften Zweige
des Pflaumenbaums
in diesigem Licht
des Neujahrsmorgens

Ein neues Leben
bekamen wir
geschenkt

Ruhe nach soviel
Zerrissenheit

Der Holzbalkon
über der weißen Wiese
atmet Stille
Meditation.

KLEINE FREIHEIT NR. 1 (1989)

Am frühen Nachmittag
eintauchen in mein
Schneckenhaus
mit dem Blumengarten
unter der hölzernen Dachschräge
leer sein
frei sein für mich
Windgerüttel aus den Jalousien
meines Fensters
durchatmen bis in die Zehen
etwas kochen und es dann
stehenlassen
mit einem Wein die Müdigkeit
begießen
frei sein für alles und nichts
den Tagesrhythmus außer Kraft
setzen kleine Freiheit
unendliche Freiheit
bis zum Weckerpiepsen
am nächsten Morgen.

LAGEBERICHT I

Die Rosen bluten nicht mehr.
Das Purpurrot spricht Leben.
Für neue Lieder
muss ich das Wort
aus andern Brunnen schöpfen.

Die Lockerheit der Finger
hab ich beim Putzen, Werkeln
eingebüßt.
Steif sind sie geworden.
Die Geige steht im Zimmereck.
Dafür vibriert die Seele.

Das warme Holzhaus
nickt mir aus allen Winkeln
freundlich zu.
Petunienverziert.

Unglaubliche Geschichte.
Wem kann man heute
noch von Wundern sprechen?

FEBRUAR (1990)

Ich lieg nicht weit von deinem Stamm,
blas meine Lieder auf dem Kamm.
Mein Herz logiert im Hinterhaus
und tanzt auf Krücken den Kehraus.
Ich fall in jedes kleine Loch,
ersaufe drin – und lebe noch!
Ich liebe ohne Metermaß,
auf meinen Narben wächst kein Gras.
Ich mach an vielen Orten Halt,
doch: Was nicht lodert, lässt mich kalt.
Ich stoß Gebete in den Wind:
Gott WEIß, wo sie geblieben sind.

Ich fülle langsam auch ein Sieb ...
und hab dich lieb und lieb und lieb ...

AM MORGEN (1979)

Noch hängt die Sonnenscheibe dunstigblass
über dem kaum erwachten Morgen,
Tautropfen säumen jedes Gras,
ich kenne Busch und Weg und Baum
und fühle mich geborgen.
Verschlafenen Gesichtern gleich: die Häuser
mit zugeklappten Fensterläden,
von Ferne Hähnekrähen, und ein leiser
Wind fährt durch mein Haar und jeden
Alptraum – bläst ihn hinweg von meiner Seele.
Und jetzt ist die Nacht gebannt,
alle Tränen in der Kehle
fließen ab ...
Tränen, die DU nie gekannt ...

ALLTÄGLICHES WUNDER (1980)

Der Spinnen filigrane Netze,
darinnen Tau wie Diamant –
erzittern, da ich sie verletze
mit ehrfurchtsloser Menschenhand.

So fein gewoben und gesponnen!
Erkannte ich das Wunder nicht;
beendet, eh es kaum begonnen,
sich abzuheben von dem Licht,

das erst der Sonne Funkeln spendet. –
Auf leuchtet Perlenseidenschnur ...
Wie war die Mühe hier verschwendet,
das zarte Kunstwerk der Natur,

die nicht nach Sinn und Dauer fragt,
die einfach wirkt und wächst und webt.
Und immer wieder, wenn es tagt,
hat sich ein Wunder überlebt.

FEUERSALAMANDER

Gelbschwarzer Feuersalamander,
sich wärmend in Septembersonnenstrahlen,
das Zauberornament sticht ab vom Fels.
Ach, reichten meine Worte, ihn zu malen!

Ich wage nicht, mich zu bewegen,
erstarrt wie er bin ich – zu Stein,
und nur im Innern will sich's regen
und Glut wie seine Farbe sein.

BIRNBAUM

Noch ist es viel zu früh
doch schau ich täglich
nach dem Birnbaum
vor dem Haus

Er gibt das Zeichen

Die ersten grünen Tupfer
aus den Zweigen werden
flüstern: JETZT!

Dann komm ich
mit dem Südwind
und hole mir die Küsse
pflücke die Küsse
stehle all die
unterlassenen und
nicht gelebten Küsse
von deinem schier
unerbittlich – schönen
Mund.

AUFFORDERUNG (1979)

Lichtnelken, Butterblumen, Löwenzahn,
zaghafte Inseln noch im nassen Grün,
kündigen mir den Sommer an,
bevor die Schwalben hierher ziehn.

Den Fröstelwind noch um die Ohren
glaub ich nicht an des Sommers Macht.
Der Winter war zu lang! Verloren
die Erinnerung an Fülle, Farben, laue Nacht,

die man verbringt auf hergerichteten Terrassen
mit leisem Lachen und dem Glas voll Wein ...
Die klammen Hände sollst du mir umfassen!
Ich möchte warm und fröhlich sein!

Den schlimmen Winter, frostig, alt
aus meinem Blut vertreiben
und Sonne, Erde, Blume, Wald
mir farbig einverleiben!

AUGUST (1986)

Geruch von Erde und von Heu –
die Hitze perlt von meiner Haut,
die Welt ist alt, die Welt ist neu.
Im Roggenfeld die Blume blaut.

Der Sonne heißer Atem brennt
und malt mir dunkel das Gesicht,
SIE ist es, die mein Lachen kennt,
das dann im Herbst in Stücke bricht ...

OLEANDER (1985)

Wenn Oleander, Duft und Sehnsucht sich verbinden
zu einer Sommersinfonie in Weiß und Rot,
dann will ich alles, alles überwinden:
das Morgen und die Ängste und den Tod

und möchte meine Stimme hell erheben
– Antwort gibt nirgendwer und nirgendwann.
Ich singe, singe um mein Leben,
auch wenn kein Lied mich retten kann.

GERBERA

Flammend roter Feuerkranz
streckt der Sonne sich entgegen
öffnet sich dem Lichte ganz
Blätterbüschel grün sich regen

Jetzt ist deine Zeit gekommen
für die Blüte für die Pracht
ach ich weiß schon dumpf beklommen
was der Winter aus dir macht.

28

KOKON (1985)

Ich habe mich
eingesponnen
umwoben
die schützende Hülle
verbirgt die Wandlung
irgendwann
durchbreche ich
den Mantel
und krieche heraus:
Pfauenauge oder
Nachtfalter?

LAGEBERICHT II

Es ist fast
wie jeden Sommer.
Die Glut des Julinachmittags
brütet über den Terrassenfugen.
Ich rauche.
Die Hitze atmet aus den Steinen.
Zwei Tauben machen Turtellärm
auf dem First.
Ich trinke Wein
verdünnt,
lasse mich gar werden.
Unermüdlich sägt der Nachbar
nebenan. Entzwei. Entzwei.
Ein paar Gärten weiter
der Rasenmäher.
Der Hund liegt ausgestreckt
im Schatten hinterm Busch.
Ich rauche.
Stille sonst im Dorf.
Ich absolviere meine immer
gleichen Gänge zwischen
Sonnenliege, Waschmaschine, Wäschespinne.
Dort baumeln weiß und bunt
deine Unterwäsche, Socken,
Hemden, auch unsere sauberen
Bettbezüge. Die Wäscheleine ist ein Strick!
Und du liegst
jetzt bei einer fremden Frau ...

Ich trinke Wein
verdünnt.
Ich leide
pur.
Vor der Terrassentür
flattern die Plastikbänder.
Und dabei tut mir keine Fliege
was zuleide.
Die Nachbarin links von mir
zählt ihre streichholzkurzen
Grashalme nach. Die Anzahl scheint
zu stimmen. Nichts wurde gestohlen.
Die Rosen bluten rot.
Ich rauche.
Unter dem rostigen Markisengestänge
bauscht sich sanft das dunkelblaue
Segeltuch.
Es ist
fast
wie jeden Sommer.
Ich bin um viele Tränen älter.
Die Petunien rotweißblau lassen
die Kelche hängen.
Ich rauche.
Ich trinke Wein verdünnt.
Ich leide pur.
Die Dachpfannen unseres Hauses
bröckeln an den Rändern.
Und du liegst zwischen dieser
fremden Frau. Mein Sommerblut

gerinnt. Schockgefrostet.
Der Hund hat Mull und
Klebestreifen überm Bauch.
Man hat ihm ein Stück Krebs
herausgeschnitten.
Ich zähle nicht die Kippen
auf dem Fenstersims und in
der Schale meines Frühstückseis.
Ich schreibe ein Gedicht für einen Mann,
der gerne unter die Piraten ginge.
Von wegen Abenteuer oder so.
Nur nicht die Augen schließen!
Die Stirn gibt unzensierte
Bilder frei.
Ich rauche.
Ich schenk mir reinen
Wein ein.
Und du streckst dich bei
jener fremden Frau ...
Ich leide unverdünnt.
Die Rosen bluten
wie noch nie.

Ein Sommer
wie noch nie.

SOMMERLIED

Lass ich meine Seele baumeln
unterm kühlen Blätterdach,
blütentrunken Falter taumeln,
und ein Lied murmelt der Bach.

Flimmernd steht die Mittagshitze
auf den frisch gemähten Wiesen,
dunkelrote Kirschenblitze
durch die Blättermeere schießen.

Brummen, Zwitschern, Sirren, Flirren,
Farben, Duft und Glockenton
vom nahen Dorf, und Hunder bellen,
der Sommer lebt – rot steht der Mohn ...

ÜBERLEBEN

Ich frier, obwohl es Sommer ist
und grün und weiß die Birken stehn,
jetzt, wo du nicht mehr bei mir bist,
lass ich die Tage und die Uhren gehn.

Wie lastet auf mir diese Zeit,
die wie ein Alptraum mich erdrückt,
bleischwer und kalt wie Ewigkeit!
Bin froh, wenn mir die Stunde glückt

zu überstehen. Überleben ist genug!
Jetzt und die nächste Viertelstunde
und dann die nächste, Zug um Zug:
Nie mehr mein Mund an deinem Munde.

SOMMERENDE

Der Sommer stand schon in der Tür,
um sich ganz leis davonzumachen,
ließ noch ein bisschen Duft und Zauber hier:
das Blau der Beeren und der Mädchen Lachen.

Dann mischte zartes Gelb sich in das dunkle Grün,
vereinzelt nur, so dass das Sterben
so wie ein Hauch und fast wie Zufall schien
und ungewiss noch das Verderben.

Ich sah sehr wohl des Herbstes Spuren,
die stetig schleichend vorwärtsdrangen,
die Schatten auf den Sommerfluren
machten sich breit. Ich stand mit Bangen ...

HERBSTGESANG

Der Baum verliert mit jedem Blatt
ein kleines Stückchen seines Lebens,
verblutet lautlos und verblasst dann matt,
die letzten Astern mühen sich vergebens,

mit allen Farben Stirn zu bieten
dem ständig wachsenden Zerfall,
doch auch die schönsten ihrer Blüten
sterben dahin. Es war einmal ...

ABSCHIED

Wenn sich die Blätter blutig färben,
dann werden auch die Schatten lang.
Wenn Trauben um die Sonne werben,
pocht es in mir so müd und bang.

Ich sehe Leben, Saft zerrinnen
und rieche Welken und Vergehn,
möcht noch einmal von vorn beginnen,
den Frühling und sein Lächeln sehn,

als alles noch im Werden war,
im Keimen, Knospen und Entstehn,
die Sommerhoffnung wunderbar ...
Es ist vorbei – drum lass mich gehn.

Den Winter möcht ich nicht erleiden,
sein Leichentuch deckt alles zu,
wir wollen herbstlich voneinander scheiden,
bevor die Liebe stirbt ... Adieu, mein Lieber, du!

OKTOBERMORGEN

Der Herbst zeigt seine lichte Seite
mit sonndurchstrahlten klaren Tagen.
Der Bick verliert sich in die Weite,
wo Bäume noch an Blättern tragen,

die purpurn leuchten vor dem Schweben,
auch goldgelb, braun wie rostdurchsetzt,
dem Ende sie entgegenbeben,
vom Feucht des Taues sanft benetzt ...

REGENFLUT

Alle Dämme sind gebrochen,
und die Flut erreicht das Land,
überschwemmt in Regenwochen
das Feld, auf dem die Dürre stand.

Und die Erde trinkt und trinkt
durstig, matt in langen Zügen,
bis sie satt als Schlamm versinkt.
Dieses Wasser wird genügen,

wieder Leben zu gebären,
das von Hitze schon versengt,
und es wird sich bald vermehren:
der Keim, der aus der Erde drängt ...

BEREIT

November November färbt gräulich mein Haar,
verflüchtigt die Sonne vom vorigen Jahr,
Verkünderin heißer und zärtlicher Zeit.
Ich spinne und webe ein schwarzes Kleid

aus Krankheit, Altern, Trauer und Tod.
Nur Puder schminkt närrisch die Wangen rot.
Und niemand ist da und will meinen Blick.
Es zieht mich winterwärts. Stück um Stück.

ÜBERGANG

Mit Spinnwebfäden um den Augenrand,
so kündigt sich das Alter an.
So weit: der Frühling und „sein blaues Band".
Und jetzt der Sommer, der zerrann.

Noch scheint die Waage in der Schwebe,
nicht Sommer mehr und Herbst noch nicht.
Auch wenn es wehtut: Sieh, ich lebe
mit dir und unserm Herbstgesicht.

TAUDIAMANTEN

sind wie Wehmutstropfen
die morgens jetzt die Gräser säumen
ich spür den Herztakt deinen Namen klopfen
bin halb erwacht und halb in Träumen

wie Tränen sind mir alle Tropfen die ich sehe
als weinte still die ganze Welt
in ihrem Glück UND ihrem Wehe
mit dem sie uns gefangenhält

so dass wir zitternd an ihr hängen
die gauklerbunt phantastisch – doch auch grau und tot
mit ihrem Elend ihren Abgründen und Zwängen
– aber auch Schmetterlingen und der Rosen Rot ...

NOVEMBERWUNSCH

Der Winter weht die Wege weiß,
die zwischen uns bestehn.
Bald pulst mein Herz rot unterm Eis,
kann nicht mehr zu dir gehn.
Lass mich noch einmal bei dir sein,
bevor das Jahr sich neigt.
Ein Bissen Brot, ein Glas voll Wein,
bevor das Jahr sich neigt ...

SCHNEEBLUMEN

am Fenster
und dahinter eine weiße Welt
sie deckt alles Dunkle zu
mich fröstelt:
zu viel Weiß
makellos.

AUFGETAUT

Bewegung kommt ins Eis,
Erstarrtes tropft und fließt,
schwappt übers alte Gleis.
Schau, wie es drüberschießt!

Ich springe in die Pfützen
und kleide mich in Nass.
Mit Übermut zu spritzen,
dem Kind in mir macht's Spaß.

Fass mich und lass uns tanzen
wild auf zerflossenem Schnee!
Ich möchte Liebe pflanzen
und vierblättrigen Klee.

ABGEBROCHEN (1988)

Vergangen liegt ein Eiszeitjahr,
nichts bietet Halt, nichts gibt Gewähr.
Weiß nicht mehr, was da gestern war.
Weiß nur: Das alles zählt nicht mehr.

Bin wie ein fast geknickter Ast,
der noch an Baum und Wurzel hängt,
indessen eine fremde Last
mich immer mehr zum Fallen drängt.

Da lass ich mich nun endlich los,
und knarrend bricht's in mir entzwei.
Ich falle leicht und wesenlos
zu Boden – und jetzt bin ich frei.

ÜBERWINTERUNG

Das Wort gefriert mir
in der Mundhöhle.
Eine Handbreit tiefer
zwei Kammern aus Packeis:
Die strahlen mir in
Kopf und Bauch und Füße
formen mich zur Eissäule
lassen mir die Haut
raureifen.
Eisblumen überwuchern
die Stirn.
Schneekristalle bedecken
die Meergrünaugen.
Eiszapfen strähnen das
Indianerhaar.
Es klirrt im Nordwind.
Glockenspiel in Dissonanzen.
Im Delta – ein Gletscher – schneeverweht.
Keine Spur mehr dorthin.
Der Atem steht mir
weiß vor frostgebannten
Lippen.
Die Eisfrau wartet
wie im Traum.
Spann deine Schlittenhunde
endlich an!
Oder schick mir den Südwind!

Du & Ich

WALPURGISNACHT

Ich besteig den Feuerbesen,
bin zu lange GUT gewesen!
Will mich über Gräber schwingen,
Spott- und Zotenlieder singen,
auf die wehe Liebe pfeifen,
toll den Sturm am Schopf ergreifen,
endlich den Verstand verlieren,
Unschuldsengel kalt verführen,
mich mit allen Teufeln raufen,
mit Arsen und Lust besaufen,
hexenwild und hexenschön,
brausend, lachend untergehn.

MAHLZEIT

Bin mal wieder hereingefallen
auf dich, vor allem auch auf mich!
Ich glaubte, du seist DER von allen!
Du Frosch – der einem Prinzen glich!

Gedauert hat es nur neun Wochen:
die Balzerei, das süße Spiel.
Ließt mich im Sahnesüppchen kochen,
verschlangst mich dann mit Stumpf und Stiel.

Doch werd ich dir nicht gut bekommen:
So leicht verdaulich bin ich nicht!
Du hast dich mit mir übernommen:
Bin Stein im Magen – bis er bricht!

ANZEIGE

Trümmerfrau
vogelfrei
herzamputiert
katastrophentauglich
narbenübersät

sucht
neuen Standort

für ein Zelt.

MÄRCHENHAFT

Ich bin Hannah Rosenrot,
schläft sie oder ist sie tot?
Ich war Liebe, Anima,
dir in jeder Ferne nah.
Ich war Fluchtpunkt südenwärts
für die Wolken und das Herz.
Ich war deines Herzens Brot,
Schönheit wendend alle Not.
Ich war dir dein Paradies,
was dich glauben, hoffen ließ.
Ich war Lied in deinem Blut,
alle Lust und Tausendglut.
Ich war die Indianerbraut:
Nacht das Haar und Sommerhaut.

Ich war auch die Pechmarie:
anderswo und immernie.

PS. Eines möchte ich dir sein:
ein Stück Heimat – immerdein.

SPRACHLOS I

Sprachlos
vor Entsetzen
krümmen sich
die Herzensrosen
schwarzblättrig,
zahllose Stacheln, die sich
in die eigene Mitte bohren,
neigen sich die
Blütenblätter leidvoll
zum verbrannten
Herzensgrund.

SPRACHLOS II

Die Abwesenheit
von Leiden:
untauglich
für das Wort.

52

BESOFFEN

vom Rotwein und dir.
Nüchtern betrachtet:
Die Welt ist noch
immer eine Kugel.

Aber jetzt
hat sie nur Ecken
und Kanten,
an die ich
renne, mich stoße.

Worte entfliehen,
bevor ich sie finde.

Der Schmerz kauert
sprungbereit
in allen Winkeln.

GENUG

Sehnsucht kommt auf leisen Sohlen
von weit her mich einzuholen,
schleicht sich wieder in den Bauch,
und mein Hirn bemerkt sie auch,
wehrt sie ab, will nichts mehr wissen,
nichts von Liedern, wunden Küssen,
von der Liebe Wein und Brot,
nichts von Lust und ihrer Not,
denn das beste Ruhekissen
bleibt: sich nach nichts sehnen müssen.

AM TELEFON

Wohltemperiertes
Telefongespräch:
freundlich und
fern genug, um
nicht zu verbluten.

EISZEIT (1988)

Wortgewaltige finstere Türme
mauern im Kerker die Freiheit ein.
Der Falke flüchtet in arktische Stürme,
die friedlose Taube lässt er allein,

verstößt auch das Licht, macht die Worte zur Falle.
Beiden rinnt's rot aus zerrissenem Schlund.
Er zerfleischt die Liebe in Liedern aus Galle,
versteinert in Kälte und aschenem Grund.

LETALE DOSIS

Wie viel Sand vertragen meine
Augen noch?
Wie viele Wortpfeile passen noch
in meine Mitte?
Wie viel Unbarmherzigkeit
schmierst du mir noch aufs Brot?
Wie viel Krumen lässt du
noch von deinem Tisch fallen?
Wie viel gewichtige
Argumente für deine Freiheit
packst du mir
noch auf den Rücken?
Wie oft gehst du noch
an fremde Brunnen?

Bis ich breche?!

DEIN ZIMMER

Das Bett seit
Monden verwaist
darauf getürmt
Bügelwäsche und
Allerleikram
meine Reisetasche
mitten im Raum
spricht von hastigen
Reisen
zu einem der
Morgen heißt
und vielleicht Grün
das StGB auf dem
Schrank und die
abgehängten Familienbilder
an die Wand gelehnt
rufen Gestern auf
den Plan
Entsetzen in haushohen
Wellen
du bist wirklich
leibhaftig und einfach
gegangen

du gehst jeden Tag.

OHNE DICH

Es gibt die Wiesen ohne dich,
die Sonne und die Bäume.
Es gibt auch Wärme ohne dich,
die Freude und auch Träume.
Und ohne dich gibt es die Kunst
in Tönen, im Gedicht.
Ich kann auch sterben ohne dich,
nur – leben kann ich nicht.

TOUCHÉ

Es genügt doch schon,
wenn du die Vorhänge
in deinen Augen
zuziehst.

VERBÜNDET (1987)

Du bist der Dunkle, Stille,
der an meiner Seite geht,
auf Stirn und Brust die Narben
von verlornen Schlachten,
dein Herz verwittert, uralt
und so leidverweht.
Doch magisch leuchten deine Worte,
mit denen Engel dich bedachten.

Und wenn die Helle deiner Augen
so hilflos wird und sich verdüstert,
lass mich dir nahe sein
und gib dich sanft in meine Hand.
Ich bin es, die Erbarmen flüstert.
Wir sind Verschworene im Niemandsland.

BRIEFTRÄGER

Er ist für mich der
wichtigste Mann im Dorf,
wenn er gleichgültig in
seiner Posttasche kramt
und dann die Achseln zuckt –
ist wieder ein Tag verloren.

Früher schleppte er in
seiner Tasche mir alle
Seligkeit ins Haus.
In letzter Zeit fast nur
noch schwarzes Weh mit
roten Flecken.

Ich weiß: Nicht mehr lange,
da geht er an meiner Tür vorbei.

ENT-TÄUSCHUNG (1989)

bedeutet doch wohl
das Ende einer Täuschung
warum also
bin ich nicht froh
dass die falsche Vorstellung
berichtigt ist
beendet
klargestellt
keine Einbildungen mehr ...

ABER
dem Wanderer in der Wüste
ist die Fata Morgana
das Phantasiegebilde
die sinnverwirrte Gaukelei
immer noch
ein Stückchen Hoffnung.

DIENSTAG, 29. JULI

An solchen Tagen weiß ich nichts vom Leben,
das wie ein Alptraum schwarz vorbeizugleiten scheint.
Der wunde Klumpen meiner Mitte kann nichts geben.
Bin nur noch Kind: ein Kind, das nicht mehr weint.

Verwaist ist meine Haut, sind meine Augen.
Der Spiegel leert sich, wenn ich in ihn schaue,
und Wasser, die zur Trauer nicht mehr taugen,
stehn hinter Fieberstirn und dunkler Braue.

Und nur dein Nahsein könnte jetzt noch heilen,
die stille Hand, die sich in meine legt.
Wir sollten auch die Finsternis zusammen teilen
und schweigend warten, bis das Licht sich regt.

SPRICHWORT

Jeder seines Glückes Schmied!?
Wo aber lernt man das Schmieden?

62

MEINE LIEBE

ist wie Ebbe und Flut
heute weicht sie zurück
verkriecht sich vor dir
du musst lange
trockenen Fußes gehen
bis du das Wasser erreichst
morgen strömt sie
dir entgegen
möchte sogar
deine Deiche überfluten
die du sorgsam errichtet hast
damit dein Innenland
geschützt ist
vor meinen Stürmen
ich lasse die Wellen
hoch auflaufen
bevor sie sich
wieder zurückziehen ...
wieder ist Ebbe
aber gewiss auch
immer
wieder Flut.

GETROFFEN

Meine Gedanken
dröhnen
in meinem Kopf
zerbersten an der Schädeldecke
in abertausend Splitter
seitdem die
Gefühlsgranate
explodiert ist
die Druckwellen
in den Adern
sprengen fast
meine Pulse –

ich hebe die weiße Fahne!

AHNUNG

WENN die Rasenmäher
wieder brüllen und so
schnittscharf über Wiesen
walzen, dann vergrabe
ich den Kopf im Kissen.
WENN die Motorsägen
wieder heulen, um im
nahen Wald die Bäume
hinzumorden, fährt
der laute, kalte Schnitt
durch Mark und Bein
mir in das Herz.
WENN dein Abschiedsbrief
im Kasten wartet, werd ich
Blume, Baum und Gras sein:
Und mein roter Kelch wird
fallen, ebenso die stolze
Krone. Ich verblute auch
aus abgetrennten Lebensarmen.
Während du mir noch
lebendig meine Rindenhaut
mit Messern raubst und
am Ende Kleinholz aus mir
machst.

Alle Tode sterb ich, wenn du gehst.

TRAUMBILDER

Ich bin das Glas in meiner Hand,
das klirrend an der Wand zerspringt.
Ich bin der Vogel – käfiggebannt,
der durch das Gitter singt und singt.

Ich bin der Schrei, der zornig hallt
und dennoch ungehört verebbt.
Ich bin das schwarze Tier im Wald,
das höhlentief verborgen lebt.

Ich bin das Haus, das schützt und hält
und auch erschüttert wird und bebt.
Ich bin die Bombe, welche fällt
und alles aus den Fugen hebt ...

GERETTET

Ich bin das Glas in deiner Hand,
aus dem du trinkst und das nicht springt.
Ich bin der Vogel, der gebannt
durch Liebe in dein Leben singt.

Ich bin der Schrei, von dir erhört,
bin nicht in tauber Welt verhallt.
Ich bin das Tier, das sich verzehrt,
verlass die Höhle und den Wald,

und suchend bin ich auf der Spur.
Du bist schon da und nimmst mich an.
Die Bombe fällt, und ich weiß nur,
dass einzig Liebe retten kann.

ALS DU ZU MIR KAMST

stand meine Seele im Festtagskleid
und ich: in goldenen Schuhen,
mein Haar frisch gewaschen,
die Lippen geschminkt,
die Wimpern geschwärzt,
die Nägel gelackt,
mit duftendem Handgelenk ...
alles aufgeboten!
Wie eine Ware:
appetitlich verpackt ...
Aber sag:
Hast du hinter der Fassade
MICH erkannt?

68

NACHT

Es ist Nacht,
und deine Hände
füllen sich mit
aller Süße dieser Welt.
Meine Augen fassen
dein Gesicht in Licht.
Verzweiflung wird
zum fremden Wort,
und auch der Tod
hat hier nichts
mehr zu melden.
Bleibt wartend
draußen vor der Tür.
Komm, tob dich aus
und schlafe ruhig ein.
Ich bin kein Traum,
bin Fleisch und Blut,
doch werd ich wieder gehen,
denn du bist fern
und fremd
– ich rührte nur den Saum.

BEVOR DU KOMMST

Bis auf den Grund
durchatmen
wie vor einem großen Schmerz
bevor du kommst
zum Glück
fallen lassen
in die hellen blauen Brunnen
deiner Augen
deine Seele flattert
hinter Schloss und Riegel
will davonfliegen
mit mir

hätte ich sagen
sollen:
Bleib?

WENN DU KOMMST

Ich lege meine Ralleystreifen an
und turn mich an mit einem Schuss
Sherry ins Blut und dem Song der
Scorpions: „Still loving you"
das Badeöl duftet mich ein
Appetithappen in jeder Körperritze
strategisch an allen Pulspunkten
verteilt ein Tropfen von KL
ich garniere mich mit Nagellack
und schminke meine Augen
grün in Grün.
der Auftritt kann beginnen.
wo bleibt mein Dompteur?

Ich möchte unsere Fassade
fallen sehen.

VERGESSEN

Dein Unterhemd
beim letzten Besuch
Marke Eminence
hellblau
es atmet dich aus
ich lege es auf
mein Kopfkissen
der leise Geruch
nach dir zwischen
den baumwollenen
Poren
hellblau
schleicht durch meine
wachen Träume am
hellen Nachmittag
und meine Sehnsucht
füllt das Hemd
mit deinen Linien

Unsagbar.

NUR EINES NICHT

Täusch mir Siebenmeilenstiefel
die Kräfte des Löwen
und die Kühnheit des Falken vor.

Komm über mich mit der
Tarnkappe wenn du willst.
Versteck dich im Gefieder
des Schwans.
Verkleide dich als
Ali Babas Spießgeselle
oder als Taugenichts.

Nur
leg nicht dein Schwert
zwischen uns
zur Nacht.

VOR-URTEIL

Du bist mir ein
strenger Richter:
Ein paar müde Nächte,
eingebettet in verbrannte
Erde, und eine Handvoll
Tage, eingezwängt,
heimlich verstohlen
und auch mir verfremdet,
das sind Indizien genug.
Untauglich: Ich passe
nicht – in deine Faust.
Und keine Chance gegen die
Gespenster hinter deinem
Rücken.
Strafmildernd vielleicht:
Ich liebe dich noch Jahr um Jahr,

dir wiegt's nicht schwerer
als ein Jahr.

GESETZE

Alles ist
erlaubt
was nicht verboten ist.

Alles ist
verboten
was nicht
erlaubt ist.

Es ist
VERBOTEN
was alles
erlaubt ist!

VERWEIGERUNG

Wir haben uns aufs Trapez
gewagt. Kühne Akrobatik.
Herzüber. Salto mortale.
Mit Schweiß und rasendem
Puls. Immer wieder hab
ich dich abgefangen im Flug,
manchmal im letzten Bruchteil
einer Sekunde gerade noch
die feuchten Hände
umklammert.

Aber diesmal stürze ich,
absichtlich dich verfehlend,
in mein Sicherheitsnetz:
KANN und will nicht mehr
fliegen. Zuviel Zittern
und dünne Luft da oben,
wo du jetzt stehst –
ratlos: ohne mich
Luftsprünge machen?

HAND IN HAND

Dein Mund an meinem Leibgeschmeide
ist alle Lust und alle Qual –
wir lieben auf des Messers Schneide,
sie trifft uns beide: tausendmal.

Von wunden Lippen fällt der Kuss
ins Nichts und kann nicht heilen.
Ein jeder tut nur, was er muss!
Und niemand kann hier Schuld verteilen.

Brauche ich Nähe, leidest du.
Brauchst du Distanz, so leide ich.
Du mauerst dich in Schmerzen zu,
und doch wart ich am Sonnentor
auf dich – und immer nur auf dich.

WORTLOS

Und Worte möcht ich finden: neue, unverbrauchte,
zu schildern meiner Nächte Qual,
auch Tage, abgebrochene, in Düsterkeit getauchte
und Dämmerstunden, schlaflos, schal ...

... und warten, dass die Zeit die Wunden
heilt. Es bleibt nur noch ein leises Ziehn
und ein Verwundern, dass die Bitterstunden
doch eines Tages mit den Wolken fliehn.

SPRÜNGE

Einen machst du
wieder in die Büsche.
Und ich hab die Nase
und den Hals jetzt bis zum
Kotzen voll
von allen Schürzen
da an deinem Weg
und auch daneben.
Und all die anderen,
die es sehen,
zucken die Schultern:
C'est la vie. So ist das
Leben. Eben.

EINSAM

Wohl nicht zu steigern
oder doch:
zu zweit einsam.

ANDANTE

Wehmutssüchtig tropfen Töne
über warmen Geigenklang,
zaubern Melodien schöne,
flüchtig, zart und sehnsuchtsbang,
perlen weiter, quälend süß,
scheinen silbern zu entschweben,
was ich längst vergessen hieß,
erweckt der Mollakkord zum Leben:
zieht und reißt an alten Wunden,
die von Krusten überdeckt.
Trauer. Ohnmächtige Kummerstunden
bluten wiederum ... versteckt ...

OHNE LICHT

kann niemand leben
du verbreitest Licht
nicht das der Sonne
die alles glänzend überstrahlt
nicht das der Neonröhre
die kalt und nackt belichtet
nicht das der Kerze
die unruhflackernd sich verzehrt
sondern das einer Lampe
wie ich sie zu Hause hatte
mit holzgeschnitztem Fuß
darüber einen Schirm aus Stoff
ohne Verzierung gedeckte Farbe
und warm und traulich war ihr Schein
der niemals blendete
doch sanft behaglich wohl erhellte
so dass man sich in ihrem Schimmer
heimisch zufrieden und geborgen fühlte
so leuchtet deine Liebe
nicht wie die Sonne
die ich zwar manchmal heimlich misse
aber auch nicht
wie ein Irrlicht ...

REST

Du bist mein kalter, fremder Mond,
denn alles, was noch in dir wohnt,
ist Aschenrest und Schattenstück,
und immer mehr weichst du zurück
in ferne Unbegreiflichkeit,
fällst mir aus Arm und Schoß und Zeit.
Nur was mich noch umarmt
in Not und Gier,
ist noch nicht tot und will zu mir.

MEIN BLUT

einmal
murmelnder Bach
nun
vergiftet
trübe
staut sich
schäumend
an Abfällen
gurgelt böse
über Geröll
schwillt an
zur
verwüstenden Flut
reißt nieder
zerstört
überrollt
dich –
und mich.

GEHIRNWÄSCHE

Wenn deine Erinnerungen schmutzig sind,
verbraucht und übel riechen,
tu sie in die Wäsche!
Wähle zuerst das Schonprogramm.
Ein sanftes Einweichen und Vorspülen
mit ein bisschen Jägermeister (oder Valium)
nimmt schon den ersten Grauschleier.
Verwende für den Hauptwaschgang
keine starken ätzenden Laugen
wie Selbstkritik, Erkenntnis oder gar Ehrlichkeit!
Diese hinterlassen nur hässliche Flecken,
genannt Schuldgefühle.
Nimm ein sanftes Mittel
wie Vergesslichkeit und Illusionen,
die nur Schmutz und Gestank
aus dem Erinnerungsgewebe herauslösen,
während du die Zeit, die Eltern, die Erziehung,
am besten die ganze Gesellschaft
als Schuldfaktoren für dein Versagen
einprogrammierst und gründlich
trocknen lässt!

So erhältst du am Ende
des Schonwaschganges
ein blütenweißes Gewissen!
Weißer geht's nicht!

ABSTURZ

Lass mich den Brand der Stirne kühlen.
Dahinter ist es wirr und nichts als Nacht.
Lass mich mit dir das Grauen fühlen,
noch lange ist dein Kreuzweg nicht vollbracht.

Ich kann nur stumm an deiner Seite stehen,
im Sturz verfehlst du meine Hand,
ohnmächtig sehe ich dich untergehen,
und fast, ja fast bin ich dir nah verwandt.

ZU SPÄT I

Die narbenübersäte Haut
ist taub geworden für den Kuss
die Schwingungen der Zärtlichkeit
von Schulterblatt zu Schulterblatt.

PHANTOMSCHMERZ

Meine Liebe
alt geworden
amputiert
vernarbt
schmerzt dennoch
– dann und wann
erinnert mich an

Monate der
Vivisektion.

Vergänglichkeit

AM GRAB (1962)

Ich kann es nicht ertragen,
dass man dich bald vergisst
und nur noch der kleine Hügel
Erinnerung an dich ist.

Ich kann es nicht ertragen,
dass man wieder auflebt und lacht,
wenn doch dein Grab so einsam
liegt draußen in der Nacht.

AUFLÖSUNG EINES GRABES

Wohin schaffen sie
den Rest deiner Gebeine,
mein Bruder? Was bleibt
nach zwanzig Jahren?
Kein Grab, kein Stein
erinnert mehr an dich.

Nur die große Kiefer ...
die dein letztes Bett
beschattete, sie lebt,
steht dunkelgrün, und
ihre Wurzeln nährten
sich an deinem Staub.

Dort unterm Baum
will ich sitzen
und glauben: Wir
sind unsterblich.

VITA NOSTRA BREVIS EST

Ein Vierteljahrhundert
ist es her
seit du so leise gingst
und deine Augen dir
und uns entglitten
seit die Mutter dich wusch
und bekleidete mit deinem
Sonntagsanzug und
der gnädigen Sonnenbrille über den Höhlen
seit der Sarg im Flur
stand in den man dich hob
und bettete
auf Taft und Rüschen
weiß gepolstert
fortbrachte in die Kühlkammer
seit ich jenes „Ave verum" spielte
das ich nicht mehr hören kann
und dein Bild: den gefolterten
Körper der so dünn im Anzug
steckte
unauslöschlich ...

Wo bist du heute?
Eines ist sicher:
unsterblich in meinen Gedanken
in meinem Herzen
und in meinem Gedicht!

90

TRAUER (1962)

Atemloses Wasserspiel,
Sonnenhitze, Haut verbrannt,
Duft der Gräser, Wälder kühl:
reiches Leben – Kinderland!

Niemals wieder solche Tage
voller Tollheit, Lust und Sang!
Immer nur die müde Frage
nach dem unvergessnen Klang,

den der Kindheit Lieder hatten.
Solche singst du niemals mehr,
denn das dunkle Reich der Schatten
neigt sich langsam zu dir her ...

TODESERFAHRUNG

Tage gehen ohne Lieder,
ohne Hoffnung, ohne Lust,
wachen auf und schwinden wieder,
Tage gehen unbewusst.
Nächte wachsen voller Geister,
schlaflos, dämmernd, ohne Traum,
und die Trauer ist mein Meister,
schwarz, entlaubt der Lebensbaum.
Brauche ich die dunkle Trauer,
die in Eingeweiden brennt,
brauche ich die Klagemauer,
die mich so vom Leben trennt?

NUR AUS TIEFEN WÄCHST DIE HÖHE

nur wer Trauer kennt, kennt Lust.
Nur aus Ferne wächst die Nähe.

LERNE VOM TOD, LEBE BEWUSST!

THEORETISCH

Wie sich der Tod als
böses Tier verkleidet,
wie Hoffnung schmeckt und Trauer,
wie Krankheit schlägt und
wie die Liebe heilt und tötet:

das alles habe ich erlebt.

Doch
welche Farbe hat der Krieg?
Welchen Ton hat der Hunger?
Welchen Geruch hat die Angst?
Welche Konturen hat der Feind?

Davon
kann ich nicht sprechen:
Der Frieden hier im Land
ist länger als
mein Leben.

ZUSPRUCH (1961)

Und leise klagend rinnt die Zeit
hinab an lebensmatten Tagen,
in denen still die Uhr geht, nichts geschieht.
Mein Herz, du musst das Leben wagen,
das sich in Traurigkeiten nicht vollzieht,
denn leise klagend rinnt die Zeit.

Versteck dich nicht in deinen Träumen
und schütte auf, was du vergraben,
die wunde Seele ist vom Tod berührt.
Doch sieh das junge Leben mit den Gaben!
Hat es denn früher nicht auch mich verführt?
Versteck dich nicht in deinen Träumen!
Denn leise klagend rinnt die Zeit ...

MIDLIFE

Alles Schöne einzufangen,
begierig bin ich, voll Verlangen,
Jungsein, Freiheit festzuhalten,
Angst vor Krankheit und vor alten,
ausgetretnen Pfaden,
fürchte mich vor öden, faden
Stunden, in denen still die Uhr geht,
nichts geschieht ...
Rastlos bin ich, ungeduldig,
Schweben, Flimmern,
Krampf des Herzens,
Durst der Sinne,
alles, alles noch erleben,
noch im Innern
zittern, wundsein und erbeben,
bevor Geduld und Gleichmut kommen:
Tugenden der späten Jahre – und der Frommen.
Erwachsensein, Vernunft und Pflicht:
Ach manchmal, da ertrag ich's nicht!

DIE ZEIT

packen mit den
Händen und
formen und
Spur und Gestalt geben
aber die Körner
der Sanduhr
rieseln
verdammt
zur Spurlosigkeit.

WAS BLEIBT?

Spurenlos ... Kometenschweif
schnell verglüht im Raum
ob du bist oder auch nicht
berührt nicht mal den Saum
von Sternenwelt und Ewigkeit
verlornes Sandkorn nur
das flüchtig rinnt durchs Stundenglas
der Zeit und der Natur ...

MEINE GEIGE

verkümmert
ächzt und seufzt
nach langem Schweigen
erloschen
ihre Töne
das warme Schwingen
des Vibratos
kein Lied mehr
aus kostbarem
Corpus.

ZU SPÄT II

Ich kann sie nicht hinüberretten:
die Rosen über den Schnee
selbst wenn wir immer SONNE hätten
und eine gütige Fee.

Die Rose ist für den SOMMER bestimmt
der Kelch die Blüte das Rot ...
die Glut die unter der Asche glimmt
die löscht der Schnee und der Tod.

GELÖSCHT

Soweit haben wir's
nun endlich gebracht:
Der Brand ist gelöscht
keine Glut mehr
auch kein verwehter
Funkenflug
alles bis zur
Unkenntlichkeit verkohlt
nur der Qualm
beißt noch
in den Augen ...
der tut weh!

OPERATION

Unter dieser langen
Narbe in der
Bauchseite
und dem einge-
nähten Netz
krümmt sich
in unendlichem
Schmerz
mein Herz.

KRIEGSTAGEBUCH

Aushalten
den November
Totenmonat
mit wirrem Kopf
und ungelenker Zunge
Morsezeichen
an die friedlose
Welt in Asche
kann keinen
verbrannten
Tannenzweig mehr riechen.

BRUCH

Rasen, Schlagen,
Weinen, Toben
wegen dir und gegen mich
kehren unterstes nach oben,
muss jetzt leben – ohne dich.
Festgefügtes stürzte ein,
und mein Hafen brannte aus.
Heimatlos werde ich sein,
und mein Schiff kennt kein Nachhaus.
Geistert wie ein Totenschiff,
knarren Dielen, ächzen Taue,
warten auf das nächste Riff,
dass es mich in Stücke haue!

HOFFNUNGSLOS

Ich fühl mich zwanzig Jahre älter
und ohne Kraft und ohne Leben,
und in mir wird es kalt und kälter,
denn kaum kann ich den Kopf erheben,

da wirft die nächste Krankheit mich aufs Lager,
und immer mehr engt sich mein Handeln ein.
Bin ich im Leben ein Versager?
Trau mich nicht mehr, gesund zu sein?

Ergreift mein Körper denn die Flucht?
Und will die Seele nicht mehr leiden,
dass alles in mir Ruhe sucht?
Und selbst die Liebe möcht ich meiden!

Bin abgewandt von allem Blühn
und ohne Mut. Wie war ich einmal jung!
Von Ferne noch seh ich es flammend glühn.
Bald ist auch das Erinnerung ...

KORSETT

ich lege mir wieder
mein Korsett um
meine Stütze
mein Halt
auch wenn es
mir manchmal
alles abschnürt
was lebendig
pocht und klopft
pulsiert und atmet
doch das Korsett
ist wichtiger
denn ohne es
kann ich nicht
aufrecht gehen
je enger und
starrer es sitzt
desto berechenbarer
und zuverlässiger
bin ich – für mich –
und andere
keine ausgefallenen
Bewegungen sind
möglich
kein ausgelassenes Tanzen
vor allem:
KEINE Flucht!

IN DEN REIßWOLF

mit den uneingelösten Versprechen
türkis auf weiß
mit der Papierliebe eines
Schreibtischtäters,
mit den Briefen, die wie
Lieder sind –
jetzt nur noch Makulatur,
mit dem ganzen verdammten
Krimskrams, an dem die
Erinnerungen kleben mit
süßlichem Verwesungsgeruch,
und zuletzt: mein Herz
in den Reißwolf!

VERLOREN

Wenn Frösteln, Regen und Verwelken sich verbinden
zu eines Herbstes Sinfonie in Moll und Tod,
dann möcht ich alles, alles überwinden,
die Wahnsinnsträume und der Liebe Not.

Und singen kann ich nur noch Lieder,
die mandelbitter sind und giftgetränkt.
Ich tauche in mein Schattendasein wieder:
zerschlagen, ausgeblutet und versenkt.

Es liegt an dir, doch noch zu halten,
das, was an Liebe in mir ist ....
Öffne die Fäuste, die vor Angst geballten,
bevor auch du verloren bist!

ABGESCHOSSEN

Adumbran und Valium,
Halcion und Librium,
Saroten und Rohypnol!
Dass mich doch der Teufel hol!
Mix mir einen Zaubertrank,
denn das Elend macht mich krank,
reißt den Leib in tausend Fetzen,
während mich Dämonen hetzen.
Über mir die Geier schweben,
warten, bis der Rest von Leben
ausgeschrieen, ausgespuckt!
Herzfleisch zittert noch und zuckt!

Valium und Rohypnol!
Dass mich doch der Teufel hol!

DESTRUKTIV

Abendlich Lexotanil:
Das macht friedlich, das macht still.
Morgens dann ein Katovit:
Das macht munter, das macht fit.
Zigaretten Stück um Stück
helfen für den Augenblick.
Zwischendurch auch stockbesoffen, denn im Rausch
lässt sich's noch hoffen.
Bunt treibt's Hannah Rosenrot.
„Es ist ein Schnitter, heißt der Tod" ...

RESIGNATION

Tage gehen ohne Lieder,
ohne Hoffnung, ohne Lust,
wachen auf und schwinden wieder.
Tage gehen unbewusst.

Nächte wachsen voller Geister,
schlaflos, dämmernd, ohne Traum,
und die Trauer ist mein Meister,
schwarz, entlaubt der Lebensbaum.

Und der Schmerz liegt auf der Lauer,
der mich klein und bitter brennt.
Drohend trutzt die Klagemauer,
die mich so vom Leben trennt.

AM NÄCHSTEN MORGEN

Eisvögel nisten
in deinen Augen.
Herrlich, aber kalt.
Wo sind die grauen
Nachtigallen mit
ihren Süßliedern?

Der Mond ist
geborsten heut Nacht.

Eine Bleibe hab ich
nirgends mehr.

Wandere von einer
schwarzen Milchstraße
zur anderen.

HERZAMPUTATION

Demnächst lass ich mir mein Herz
herausnehmen und ersetzen durch
so eine Plastikpumpe.
Dieses Kunstding da erfüllt doch
wenigstens noch die notwendigsten
Zwecke.

Das alte, das stockt zu oft,
hat Rhythmusstörungen, ist aus
dem Takt, blutet fast unsichtbar
aus feinsten Kapillaren, verweigert
seinen Dienst fürs Leben immer
wieder ...

Zuviel Blut zum Fließen gebracht
und über alle Ufer getreten –
für nichts als ein abgewandtes
Gesicht!

Unterwegs

YAFFA

Im Straßenrestaurant nachts,
während die Mondsichel goldgelb
wie ein Plätzchen auf dem Minarett
sitzt wie in einer von tausendundeiner
schwarzsamtenen Nächten und die Wärme
über die Schultern und den Rücken in
den Ausschnitt rieselt,
während der samtschwarzgelockte
Kellner Teller mit Gemüse und
Duft aus dem Orient herbeizaubert
mit dem Geschmack von fremdem Wein
im Blut und im Vorbeifliegen von
Fetzen der kehligen Sprache, kann ich
für Augenblicke vergessen:

„Der Tod ist ein Meister aus Deutschland.
Dein aschenes Haar Sulamith."

112

JERUSALEM

Moscheen, Säulen, Klagemauer,
der Altstadt Dächer voll Antennen,
Via Dolorosa! Tiefer Schauer –
Jesus, Maria! Geschichte, Namen, die wir kennen.
Gesichter, fremd und braun und bunt verhüllt,
es drängt sich eng in deinen Gassen,
mit Farben, Licht und Schatten angefüllt,
und abends wirkt der Shuk wie jäh verlassen,
geheimnisvoll in Klang und Duft.
Ein Esel wird nach Haus getrieben,
des Muezzins Stimme hämmernd ruft!
Jerusalem, ich wäre gern geblieben!

UNTERWEGS ZU MIR

Immer noch weiße Flecken
auf meiner Seelenlandkarte.
Ich bin dabei, sie zu entdecken,
durchforste sie mit dem Buschmesser
– durch Gestrüpp und
Wirrwarr des Unterholzes,
messe aus
– Höhen,
lote aus
– Tiefen,
umgrenze kristallene Seen,
schwarze Sümpfe,
sonnengleißende Hochebenen,
arktische Meere mit Eisbergen,
deren gefährliche Untergründigkeit
besondere Vorsicht gebietet.

IMMIGRATION

Eingewandert bin ich
endlich im eigenen Land,
dem gelobten. Ohne Schilder,
Ausweis und ohne Gepäck
weiß ich doch, wer ich
bin und wo angekommen,
ergriffen von der Verheißung
in jeder Krume des Brachfelds.

FAHRT IN DIE SCHWEIZ

Vollgepackt sind wir
bis obenhin.
Was schwerer wiegt als
Koffer und die Reisetaschen
ist das Gefühlspaket
das jeder von uns mit
sich schleppt.
Jeder das Seine.
Jedem das Seine.

AUFENTHALT IN DER SCHWEIZ

Seelenmarathon
Schach-matt-Zwiegespräche
Auflaufen Abprallen
Finden Verlieren

weißt du noch
am großen Eichentisch?
Wir saßen uns gegenüber
dazwischen Kerze Brot und Wein
ein kleines Abendmahl
fast sicher vor Verzweiflung und Not ...

FILMRISS

Gratiskonzert in der Synagoge
zur Woche der Brüderlichkeit.
Es ist in Deutschland Abend.
An der Harfe sitzt ein
lichtblondes Engelmädchen
und zupft auch so.
Die Sänger, der Flötist,
der Cellist – sie alle
bannen im Spiel den Blick,
und die Ohren reißen das
Herz dir vom Stuhl.

Vor fünfzig Jahren hätte man
sie ausnahmslos ...

Auch das Engelmädchen mit
dem Blütengesicht und
den Händen wie Schmetterlinge
über den Saiten.

IN FREIBURG

Das Läuten der nahen Kirche bimmelt
scharf wie eine Totenglocke durch
den schwülen Abend.
Hitze am Leib und Kälte mittendrin.
Leuchteblüten im Garten, draußen
und in mir trostlose Wüste.

'Le Bistro' auf dem nackten
Küchentisch und der überquellende
Aschenbecher, der Abend steht
vor mir, ein Ungeheuer, bereit
mich zu zermalmen.
Von allem zu viel!
Zu viel Wein, zu viel Zigaretten,
zu viel Valium, zu viel Sehnsucht,
zu viel ...

Schmerzattacken, nicht lokalisierbar,
signalisieren:
Noch lebt sich's!

AM HAFEN

Masten, Kräne, Türme, Schlote,
die sich grau zum Himmel heben,
Schiffe, Schlepper, Segelboote,
die auf Silberwasser schweben,
Wellen, die im Glitzerschimmer
leise träge nur sich kräuseln,
während Möwen kreischend kreisen
und die Winde zärtlich säuseln
summend ihre Meeresweisen ...

ERINNERUNGEN

Schiff auf friesischen
Meeren, tuckert behäbig
vorbei an mampfenden Kühen,
an kleinen Kneipen, Inseln,
verschlafenen Dörfern.
Der Brückenzoll wird im hölzernen
Schuh bezahlt.
Hinterm Deich geduckte
Bauernhöfe und abends
im Hafen das sanfte Schaukeln
des Boots, begleitet vom
leisen Klappern der Takelage
gegen die Masten.

Der alte Zigeunerwohnwagen
auf den Champs Elysées
und den Klippen von Land's End
"Any milk today?"
Wie bunte Wimpel die Wäsche
an der Leine um unser Lager.
Meine langen Kleider flattern
auf der Fähre nach Dover
und am Strand von St. Malo,
vom südlichen Spanien
bis nach Amsterdam.

120

Meine Halsketten klappern
über Stock und Stein,
die Füße aus dem Fenster gehängt,
die gestreifte Markise
mit den Fransen holpert
die engen Gassen hinauf
zur Sacré Coeur
und bis zu den schottischen Seen.

Bewusstlos die
Jugend, die Kraft und
die Träume gelebt,
geglaubt,
dies alles
nähme kein Ende.

FAHRT IN DEN NORDEN

Die hingeduckten roten
Bauernhöfe
baumumstanden windtrotzend
im platten Land
kleine heile Inseln
im Vorbeifliegen
brennen sich ein.
Jahr über Jahr
der nordische Himmel
begräbt
„die Zeit des Gauklers".

Dort irgendwo
mit dir
gewesen zu sein:

Was soll ich
heute hier?

Begegnungen

STEPPENWOLF I

Streunt so einsam durch die Gassen,
nimmt Reißaus und kommt doch wieder,
kann nicht lieben, will nicht hassen,
fletscht die Zähne – und singt Lieder,

wenn er SEINE Stimme findet,
die so wund und traurig tönt ...
niemand, den er an sich bindet,
auch wenn er sich danach sehnt.

Nimm mich mit, will dich nicht zähmen!
Einsamkeit gehört zu dir!
Liebend will ich Anteil nehmen.
Blutig tropft das Herz aus mir.

STEPPENWOLF II

Sieh mich an, du grauer Wolf,
hassbereit und fellgesträubt!
Blute schon aus meiner Kehle,
bin gefangen und betäubt!

Willst du mich nun ganz zerreißen,
tu es schnell, ich halte still!
War von Anfang an dein Opfer:

HEART AND PAIN – AND OVERKILL!

ROTKÄPPCHEN

Da ging ich nun vom
Pfad ab
und traf den Wolf
mit der Softschmeichelstimme
der mir mein Geheimnis entlockte
um mich dann
mit Haut und Haar
lebendig zu verschlingen

hätte ich doch nur
Mutters erhobenem Zeigefinger
mehr gehorcht
und dabei wollt ich doch nur
Blumen pflücken.

MÄDCHEN

Über kritisch
blauen Augen
breiter voller
Brauenrand
stark geschwungne
feine Lippen
Seidenhaar aus Feenhand
zarte Linien
Kinn und Hals
schmal und blass
der Mädchenleib
unentdeckt
die Mädchenbrüste
bleib noch Kind
ein bisschen – bleib!

NESTFLÜCHTERIN

Du – plötzlich rennst du,
als ob der letzte Zug ins
Paradies abführe.

Plötzlich willst du übers
Meer, obwohl du noch nicht
richtig fliegen kannst.

Plötzlich reißt du alle
Kalenderblätter auf einmal ab.

Der Kaninchenstall steht
wie ein falsches Requisit
verwaist und fremd auf der Terrasse.

Du bist Akteur, Regisseur
und Souffleur in einem und
auf neuer Bühne.
Die alten Kulissen brechen
ein: Dorf, Wald und Wiesen.
Sie sind dir zu eng geworden.

Wir sprechen miteinander
Texte aus verschiedenen
Stücken.
Ich kann mich in dir nicht
mehr erkennen.

Ich bin voll Angst um
dich – oft voller Zorn.
Kälter ist die Welt geworden.

TOCHTER

Möchte dir so vieles sagen,
musst es letztlich selber wagen.
Möchte dir so viel ersparen,
musst es dann doch selbst erfahren.
Schmerzlich bitter tut's mir weh,
dass ich dich entwachsen seh.
Musst das Leben selbst ergründen,
deine Wahrheit für dich finden.
Ich kann dir nur Helfer sein,
den nächsten Schritt tust du allein.

WIE DIE KATZE

um den heißen Brei
so schleiche ich
um mich herum
warte bis ich
abgekühlt
und genießbar bin
damit ich mir ja
die Zunge nicht verbrenne.

ROTSANFTER SCHNURRTIGER

schmeichelstreichelleise
umschmiegst du mich.
Deine Bernsteinaugen
wissen alles.

Mäxie I

Ihre warme Zunge überfällt
die Nase und die Wangen.
Sie dreht sich, hüpft
und lacht und lacht
aus voller Hundekehle,
schwänzelt und tänzelt,
als wär ich tausend Jahre
weggewesen und nicht nur
einen Vormittag.

Ich kann ihrer Freude
nicht entkommen.
Tierische Zärtlichkeit.
Die springt mich an
und reißt mich mit.
So ist das täglich.

Niemand ist außer sich
wie sie, wenn ich nach Hause
komme.
Niemand hat diese dunklen
Fragezeichenaugen randvoll
mit Bitten und mit Trauer,
wenn ich gehe.

Mäxie II

Drängst dich an mich
mit warmem
sandfarbigem
Wuschelzottelfell
deine schwarzbraunen
steinerweichenden Augen
hängen unverwandt
an meinem Tränengesicht
du verstehst
alles!

HEIDI

Kurz über der Mitte
und schon heißt man
dich gehen
noch nie sah ich jemand
so lächeln wie dich
angesichts des
Letzten
das auch uns quält
aber wir wähnen uns
noch am anderen Ufer
und werfen die Zeit in die Luft

dein Gang ist behutsam geworden
Schmerz gibt der Bewegung
das Maß
dein Blassgesicht
im Urlaub unter
der griechischen Sonne
zwei Wochen Hoffnung
während es dich zerfrisst
an allen Enden.

FARIBA

Du blasse Blume.
Du hast dich hierher
gerettet mit deinem Mann
und deinen Kindern. Doch
kommst du nicht zurecht
in dieser Coca-Cola
Hifi-Welt made in
America and Germany:
So
wie im Kaufhaus geht
es zu, und wer nichts
hat, der auch nichts ist ...

Reza, dein Mann, ist nicht
mehr so dein Mann wie
damals noch in Persien.
Du sagst Persien, nicht
Iran. Viel mehr kannst
du nicht sprechen.

Er darf in Deutschland
weiter Mann sein. Du musst
eine andere werden. Der
Schleier, der dir unsichtbar
geblieben ist: wertloses
Accessoire. Deine Tugenden,
die sind hier nicht gefragt.

Selbst deinem Mann gehn sie
im Discolärm mit Pauken und
Trompeten unter. Dort tanzt
er jetzt fast jeden Abend.

Du hockst allein in deiner
Küche, die Kinder plärren.
Den ganzen Tag flimmert
die Glotze heiß, und jemand
quasselt etwas, das du
nicht verstehst.

Aber niemand spricht
mit dir.

Du wartest, und immer
fremder wirst du dir.
Fünf Jahre warten, bis
man euch erlaubt, auf ewig
im Schlaraffenland zu
leben.
Warten und warten,
während alles bröckelt.

Auf welche Zeiten?
Auf was für ein Leben?

DIE GREISIN

Grelle Augustsonne
unbarmherzig im Stahlblau
leerer heißer Asphalt
Backofenstraße schattenlos

hinter den gnädigen
Rolläden stakst sie
krückenbeinig über den
dunklen Korridor
die fleckenübersäten
Gichthände um die Stöcke
gekrallt schleppt sie
die Bleiglieder mit
dem verknöcherten Herzen

gangauf – gangab – gangauf – gangab

fast unbewegt das
pergamentene Knittergesicht
so klein so erloschen
wie Auge und Ohr

lebendig an ihr:
das Keuchen aus
zerfallenem Mund
und der Schweiß
unterm wollenen Zeug.

136

Wo ist Gott?

WIRKLICHE LIEBE

Gelebte Liebe
die schreibt nicht mehr

die steht frühmorgens
müde mit dir auf
die zieht dich noch traumverhangen
zu mir hin
nistet sich mit Haut und Haaren
bei dir ein
kuschelt sich an Bauch und Rücken
die wäscht dir Hosen Hemden
Socken und das Grau aus allem
Alltagstrott
deckt dich behutsam zu beim
Schlafen unterm Pflaumenbaum
die küsst dir den Nacken und
den Bart
wegen Nichts und Wiedernichts
die leuchtet überm Weinglas
aus den Augen genau
wie überm Zahnputzglas
die fragt was kann ich für dich tun
die liegt still beim Nachtgebet
in unseren gekreuzten Händen
wenn der VATER UNSER ist ...

DANK-GEBET

Aus Mandelliedern traurigkeitsvermählt,
aus Wehmutstagen sterbensmüde und zerquält
tauch ich aus Kältetiefen zitternd an das Land:
Das Leben hat mich wieder in der Hand.

Noch liege ich gefällt, der Himmel drückt mich schwer.
Vom Stehen, Laufen weiß ich gar nichts mehr.
Der Wind zerrt rau an mir und unbekannt.
Das Leben hat mich wieder in der Hand.

Und bin ich auch noch wund und hingestreckt,
da gibt es EINEN, der hat mich geweckt.
Ich rief nach ihm, er hat mich sein genannt:
ER ist die Liebe und hält mich in seiner Hand.

ANFRAGE

Der du die Liebe bist,
was hast du mit mir vor?
Ein Weinen, Bluten ohne Ende?

So vieles, was ich schon verlor,
und nichts, was ich je wiederfände?

Die Einsamkeit malt Gitter an die Wand.
Und stöhnend ächzt die Tür im toten Haus.
Einst war ich mit dem Lied verwandt.
Du blendest mich aus meinem Leben aus.

APOKALYPSE

Karneval in jedem Spiegel,
verrückt, verzerrt die Welt,
bricht das letzte Gottessiegel,
das sie noch zusammenhält.

Maskerade, Weinen, Lachen,
Gier und Suff und Not.
Mammon füllt den Riesenrachen,
der schreit: Gott ist tot.

FÜR H.

Du, es ist spät.
Dich mitzutragen habe ich
nicht mehr die Kraft, und
du willst nichts mehr halten.
Nicht Wort und nicht Gesetz
und auch nicht meine Hand.

Ich fühl uns langsam
sinken, taumeln,
pendeln zwischen Einst
und Niemalsmehr,
indessen sich der
Horizont verschiebt.
Wir sind der Erde
näher, als wir je dem
Himmel waren. Den
siebten kannten wir
vom Hörensagen.

Und doch müssen wir
dankbar sein, dass wir
nicht stürzen wie die
Steine.

Wie Federn schweben wir
zu Boden. Der Aufwind,
der zu Hilfe käme,

verzögerte doch nur
das Unausweichliche.

Und wenn wir liegen,
bläst uns EINER
auseinander.

Dich hierhin.
Mich dorthin.

BITTERLIED
nach Rainer Maria Rilke: „Liebeslied"

„Wie soll ich meine Seele halten, dass
sie nicht" an deinen Mauern bricht?
„Wie soll ich sie hinüberheben" nah zu dir?
„Ach gerne möcht ich sie" in deinem
Blute unterbringen ....
doch du bist stumm,
wenn meine Tiefen schwingen ...
„Doch alles, was uns anrührt, dich und mich,
nimmt uns zusammen" mit kratzig-schrillem Bogenstrich,
der aus verstimmten Saiten Dissonanzen zieht.
Auf welchen Pflock „sind wir gespannt?"
Und welcher Stümper sägt an uns mit harter Hand?
O Bitterlied!

ÜBER ALLEM

Über allem dieses Weinen,
ach, die Wolken regnen Wüsten,
schütten Sand mit Staub und Steinen.

Über allem dieses Sterben,
und die Erde liegt in Asche.
Doch ER lässt mich nicht zerscherben.

Über allem dieses Hoffen,
Phönix trinkt aus meinem Brunnen,
das Oasentor steht offen.
Über allem dieses Lieben,
meine Füße folgen deinen,
sind auf deiner Spur geblieben.

SPRACHLOSE ZEIT

Wenn der Wind mein Wort
entführt, bevor es redet,
wenn das Schweigen rings
um mich aus Menschenmauern
atmet,
wenn das Stummsein schon
im Herzen anfängt,
wenn das Lied aufhört
ein Lied zu sein
und die Liebe Liebe,

dann sprich DU zu mir,
bei dem von Anfang an
das Wort war.

IMMER WIEDER

Und wieder schließt sich eine Wunde,
die dir Eswareinmal ins Fleisch gebrannt,
und du entfernst dich jede Stunde
dem, was dich hielt und was dich band.

Die Ahornblätter haben Totenflecken
und wesen schwarzgelb vor sich hin,
du darfst nicht nur die Agonie entdecken,
denn jedes Fallen hat den Sinn,

von Neuem wieder aufzustehn.
Die Narben schimmern wie Opal.
Noch viele kleine Tode werden dir geschehn,
bis EINER spricht: Du warst einmal.

STOßGEBET SOMMER 87

Wie eine Feuersäule ist mein Stoßgebet,
es schießt zu sieben Himmeln auf,
versengt des Bösen Atem, der im Dunkel weht,
und hindert aller schwarzen Flüsse Lauf.

Es will die Antwort IHM entreißen
– der Dornbusch brennt nicht mehr und schweigt –
will Glaube, Hoffnung, Liebe heißen ...
Die Feuersäule wächst und steigt.

MEIN BRUDER (1962)

Mein Bruder, gib mir deine Hand
und bleib noch eine bisschen hier.
Bald musst du fort in ein fremdes Land,
und niemand kann folgen dir.

Allein gehst zu fort – und niemand ist da.
Bist du zur Reise bereit?
Wenn du am Ziel bist angelangt,
dann bet ich, dass ER dir verzeiht.

148

MEIN GOTT

wie ich einst für dich brannte
(und immer schuldig fühlte, litt!)
und wie ich eifernd deinen Namen nannte,
für deine Sache kämpfte, stritt,
bis ich den Druck nicht länger konnte tragen,
den deine Knechte auf mich legten,
und furchtbar waren mir die Plagen
von Dingen, die sich in mir regten:
Erst war ich des Entsetzens voll
und voll von Bitterkeit und Schwere.
Doch dann befreite ich mich von dem Zoll,
der so viel kostete – und trat ins Leere,
ins Leben OHNE dich und dein Gebot
und ging alleine weiter meinen Pfad.
Selbst in der Zeiten größter Qual und Not
sag ich mir: Richtig war die Tat.

FRAGE AN EINEN SCHWEIGENDEN

Alles was der Sommer bringt
hab ich schon genossen
dumpf der leere Becher klingt
Wein und Blut vergossen

reife Früchte rot und wild
längst schon abgepflückt
doch ein Hunger ungestillt
frisst in mir verrückt

irgendetwas muss noch sein
irgendeine Möglichkeit
nicht nur Schädel und Gebein
modernd hin in Ewigkeit ...

winkt vom Ufer eine Hand
die mich niemals fallen lässt?
Oder wartet Niemandsland?
Oder auch ein großes Fest?

Überleben

WIR

Ich bin der Turm – und du der Wächter,
ich bin das Feld – und du der Pächter,
ich bin die Geige – du der Bogen,
ich bin das Wasser – du die Wogen.

Ich bin die Nähe – du die Weite,
ich bin das Gestern – du das Heute,
ich bin – du bist – WIR SIND DAS MORGEN:
und du in mir und ich in dir geborgen,
                              ja geborgen.

AM GRAB VON H. HESSE

Denn meine Worte müssen ganz versiegen,
wenn ich an seinem Grabe steh,
und was ich fühle, sei verschwiegen,
ich sah das Land, sein Haus am See.

Und so lebendig war er mir,
als hätte ich ihn nah gekannt,
und meine Sehnsucht, sie bleibt hier,
nichts war „geschrieben in den Sand":

Sein Geist wird alles ÜBERDAUERN:
den See, das Grab. Hortensien blühn
blassblau und zärtlich hinter Mauern.
Ich seh die Stare heimwärts ziehn.

HOFFNUNG

Raureifverkleidet reckt der Baum
abweisend himmelwärts die Zweige
und steht in seinem Wintertraum
als strenger, stummer, kalter Zeuge

von Wandel und Vergänglichkeit
und Wiederauferstehn!
Er wartet, weiß um seine Zeit,
wenn Frühlingswinde ihn umwehn,

die leis sein Astwerk erdwärts neigen
und sanft erwecken aus dem Schlaf.
Die Hoffnung sprießt aus allen Zweigen,
jetzt fühlt er, dass er blühen darf.

DU

Schon immer bist du mein Gefährte,
mein Kamerad, mein liebster Freund,
der mich beschenkt, das Lachen lehrte,
mit mir leidet, mit mir weint.

Und Liebe auf verschiedne Weise,
die zeigst du mir auf deine Art.
Ich weiß jetzt, auch die leise
Melodie ist's, welche Stärke offenbart.

Du magst sie nicht, die große Pose,
die Wortmagie, die Seifenblasengaukelei.
Du gibst mir mehr als Duft und Rose.
Für dich heißt Winter nicht: vorbei!

TRÖSTLICHE HERBSTSTUNDE

So feuerleuchtend war der Herbst noch nie,
als wollte er noch einmal alles überbieten
mit diesem Blau, das ihm der Himmel lieh
und flammengleichen Blättern, die verglühten.

Mit Schwebeglitzerfäden in der Luft
bot sich altweibersommerlich die Landschaft dar,
und letzte Rosen warben mit dem Duft,
der süßlichmürb und voller Abschied war.

So golden überstoppelt lag das Feld.
Des Sommers Arbeit war getan.
Es schien, als hielte nun die Welt
verzaubert, lächelnd ihren Atem an.

Für diese ungestörte Stunde,
die heil und unverletzlich war,
vergaß ich mich und meine Wunde.
Es war nur Herbst – und alles gut und klar.

MEINE BETTHÖHLE:

nestlich gepolstert
mit Federn aus Schlaf
und Geborgenheit
dem Geruch von Wärme und Nähe
lichtgeschützt und still
ich – den Kopf auf dem Kissen
aus Vergessen und Traum
zugedeckt mit weicher Wohligkeit
schlummerträge eingerollt
zeitlos dämmernd
bereit zur Winterstarre ...
weckt mich wieder
wenn der Krokus blaut.

BILANZ

Der Alltag frisst mich auf mit Haut und Haaren,
und alles zerrt und zieht an meiner Lebenskraft.
Was bleibt mir übrig noch nach all den Jahren?
Hab ich GELEBT oder das MUSS geschafft?

Ließ ich die Zeit im Einerlei verstreichen?
Im grauen Zufallstrott und ohne Ziel?
Ich sehe nur, wie sich die Jahre gleichen,
und ich tu nicht, was ich im Grunde will.

Wie lang besteht noch Möglichkeit,
mich endlich auf MICH zu besinnen?
Noch scheint das Alter meilenweit.
Noch kann ich, wenn ich will, beginnen!

Ich weiß zwar noch nicht was und wie.
Ich weiß nur: Etwas muss geschehn.
Die Losung heißt: jetzt oder nie,
bevor die Uhren stillestehn!

FREI SEIN

Ich bin die Welle mit dem Schaum:
HALTEN kannst du mich nicht,
da meine Kraft und da mein Schwung
an deinem Felsen bricht!
Ich brauch die Ebene, den Strand,
der mich ausströmen lässt,
dann bring ich Muscheln dir an Land
– und Perlen: DIE halt fest!

MITTEILUNG

Die Zigaretten bleiben
ungeraucht, die Tabletten
ungeschluckt.
Der Briefträger bleibt
unbehelligt.

Es ist November.

Doch die Luft füllt sich
mit Farben.
Lieder wachen auf.
Haben lang geschlafen
in den Dingen.

Es ist November.

Ich bin wieder wer.

SELBST-BEWUSST

Ich will das Leben wieder wagen
mit Siegen und mit Niederlagen.
Es gilt: den Sinn neu zu begründen
und: – andre Werte für mich finden.
Noch stehen manche Türen offen,
und deshalb wage ich zu hoffen,
dass ich MICH wage, MIR vertraue,
auf heute, nicht auf morgen baue:
Hab keinen Tag mehr zu vergeben,
denn:

JETZT und HIER – das ist mein Leben!

FINALE: ZUFRIEDEN

Es regnet wie aus vollen Kübeln!
Wer will es mir da verübeln,
dass ich bettwärts untertauche,
nichts als Stift und Bücher brauche
und zum Schreiben ein Papier!

Regengott, ich danke dir!

Gelebte Lyrik

© 2024 Hanne Le Large
Verlag: BoD • Books on Demand GmbH, In de Tarpen 42,
22848 Norderstedt
Druck: Libri Plureos GmbH, Friedensallee 273,
22763 Hamburg
ISBN: 978-3-7597-8484-1